Existimos

Mario Rucci

EDIQUID

EXISTIMOS
© Mario Rucci

Editado por: Corporación Ígneo, S.A.C.
para su sello editorial Ediquid
Caracas, Venezuela
Primera edición, noviembre, 2022

ISBN: 978-980-436-052-7
Depósito legal: DC2022001716

www.grupoigneo.com
Correo electrónico: contacto@grupoigneo.com
Facebook: Grupo Ígneo | Twitter: @editorialigneo | Instagram: @grupoigneo

Diseño de portada: Sabrina Leguisamo
Corrección: Marcos González
Diagramación: Gerardo Hernández B.

Colección: Nuevas Voces

Contenido

Palabras preliminares

Existimos aquí en nuestra Tierra, uno de los tantos planetas del universo infinito. Hemos tratado por todos los medios de descubrir el surgimiento del nuestro y, hasta hoy día, nadie lo ha logrado. Teorías y más teorías no han podido revelar la *verdad*; lo único verdadero es que la Tierra está viva, también que, por millones de años, continuará siendo imposible determinar cómo surgió.

Esta nueva entrega de poemas, con una redacción y un estilo literario que he denominado «raro», se fundamenta en lo pragmático, realista y concreto, con una rima sin *romanticismo*, pues están estrechamente ligados con la existencia misma; sin ningún tipo de fantasía.

En *Existimos* trato de resaltar casi todos los componentes importantes que dan existencia a los seres vivos y al planeta; factores que nos ayudan a sobrevivir y contra los que también la humanidad deberá siempre luchar en pos de un mundo mejor.

Tierra

Terra, diosa romana
defensora de la feminidad
de la fecundidad...

Planeta del sistema solar.
Tiene al Sol como padre
de sus cuatro hijos:
otoño, invierno,
primavera, verano.

Hijos, hombres y mujeres
que se destacan y luchan
por vivir
y sobrevivir
en toda su inmensa faz,
defendiéndose
de toda vulnerabilidad,
siempre presente
de manera latente
tanto para el planeta
como para todo ser viviente.

Atmósfera

Capa de un cuerpo
que atrae
a otro cuerpo
con suficiente
armonía.

Todo ser vivo
orgánico o inorgánico
tiene la posibilidad
de manifestar
repetidamente
sentimientos
pensamientos
emociones
que nos atraen
¡y nos vinculan!

La inteligencia, la tenacidad,
que tengamos
más o menos desarrolladas
harán que todo esto,
y mucho más,
con amor a la vida,
se expresen
en este nuestro mundo.

Oxígeno

Elemento químico
necesario
para vivir
símbolo «O»
que encontramos
en el origen
de la vida
en nuestra Tierra.

Tiene una raíz griega
oxys-
equivalente a ácido
y, a pesar
de su sinsabor,
todo ser
lo necesita
como la vida misma.

En el hombre,
animales, plantas,
seres acuáticos...
se convierte
en complemento primordial
pues permite
la existencia de los seres
de origen natural.

Propicia no solo la vida,
sino las distintas
formas de actuar
tanto la positiva como la negativa
para el planeta
y la humanidad.

Agua

Compuesto químico
que podemos encontrar
de tres formas diferentes:
líquida, sólida, gaseosa.
Elemento original,
como el oxígeno mismo,
de la naturaleza
y la supervivencia humana.

Permite la continuidad
de la vida.
Posibilita
la prosecución constante
de sobrevivir.
Raza humana,
reproducción del hombre,
tan necesaria en nuestro planeta.

Agua que no has
de aprovechar
¡déjala vivir!
cuidándola
¡la vida continuará!
Como el amor
entre los humanos,
de hombre y mujer
prolongando
nuestra existencia
en este ¡cosmos infinito!

Lluvia

Precipitación de vida
recarga
océanos, mares, ríos
arroyos, lagos...
haciendo
del planeta un verde prado.

Lluvia
eres como el sol,
necesaria
tanto para la Tierra
como para la gente.
Eres símbolo de amor
que rejuvenece
día tras día
la esperanza de vivir
en paz y armonía.

Lluvia
das vitalidad
a todos los paisajes
selvas, bosques
campos, jardines...
Controlas
las distintas temperaturas
ayudando sin descanso
a combatir
un peligro mundial
¡la contaminación!

Viento

Movimientos del aire
que nos transmiten,
una y otra vez,
mensajes de la naturaleza.

Viento del norte
que nos indica
el camino a seguir.

Viento del sur
siempre novedades
nos trae
para tenerlas en cuenta.

Viento del oeste
del nuevo continente
proviene
con recientes noticias.

Viento del este
mal presentimiento
se siente.
Lluvia de peste.

Ciclón
cuando el hombre
actúa precipitadamente.
Huracán
cuando lo hace
con un brío constante,
furiosamente.
Mientras la mujer
es el viento
de la virtud
del amor
del placer...
el hombre
es la tempestad
de la imposición
siempre presente.

Fuego

Elemento energético
surgido
en los albores
de la humanidad.

El hombre
fue su creador,
lo utilizó
para sobrevivir
iluminar
y defenderse.

También con él
atacó
a sus enemigos,
lo usó
en su momento
para trasladarse
y destruir
todo aquello
que le molestaba.

Arma mortal
que aún
no ha podido
dominar
¡la humanidad!

Plantas

Seres vivos
fundamentales
habitando
en toda la Tierra.
Selva, bosques
campos y desiertos.
En el agua del mundo
y en los jardines
siempre presentes.

Plantas
en la vida,
en un regalo,
en el amor
y en la muerte.

Las plantas son únicas
y tendrán que ser
por siempre inmortales
para permitir
¡nuestra existencia!

Animales

Seres animados
dotados
con capacidad de movimientos
de sistema nervioso
y órganos sensoriales.

Animales
habitantes de nuestro mundo
al igual que el ser humano
pueden ser «brutos»
como el hombre
también «destructores»
e «irracionales».

Animales
no piensan
el hombre sí.
Tienen sentido común
una forma de vida
determinada
por su especie.
La del hombre
es económico-material
e inmaterial.

Animales
todos ellos viven
su vida sin saber
adónde van
qué harán
y cómo morirán.
El hombre
ser consciente
sin embargo, nunca
lo demuestra
por su vanidad.

El hombre
la raza humana
a través de toda su existencia
ha manifestado un ego,
que lo domina
transformándose
por su ¡vanidad!
que lo hace
sin saber sentirse
que es casi un semidiós.
¡Dios!
que ni él sabe
si existe.
¡Qué pobres diablos
somos los humanos!

Historia

Nacida
con el surgimiento
de la escritura
cuando el hombre pudo
plasmar sus ideas
y sensaciones,
del acontecer
de cada sociedad.

Historia
ciencia social
que tiene el poder
de «reconstruir»
el pasado de la humanidad
para «entender»
nuestro mundo presente.

Historia
estudias, expones
principios y métodos
para «comprender»
todos los acontecimientos
y hechos
del tiempo transcurrido
mostrándonos
desarrollo-decadencia
del ser humano
desde su aparición
hasta nuestros días.

Historia
escrita por personas
llamadas historiadores
cronistas de las civilizaciones
relatada muchas veces
por los llamados «vencedores»
y otras veces
por los llamados embaucadores
que tergiversan
los hechos históricos
con fines
¡claramente engañosos!

Economía

Ciencia enfocada
en estudiar
las ambiciones y miserias
de la humanidad.

Economía
en todas las épocas
sinónimo de «luchas»
ganadas y perdidas,
de las distintas clases sociales.

Economía
siempre presente
en todo sistema político
con un solo fin...
lograr el triunfo
o imposición
de un régimen
en pro o en contra
de los «derechos humanos».

Economía
herramienta utilizada
en todos los siglos
por el hombre
con un solo fin
buscar la riqueza
por la riqueza
que nunca
habrá de reflejar
¡su eterna felicidad!

Política

Mecanismo utilizado
por el ser humano
con un fin predeterminado
con la finalidad
de «organizar»
una sociedad.

Política
actividad que todo gobierno
ha utilizado y utiliza
para «dirigir»
o someter a toda una nación.

Política
arma diabólica
que siempre ha servido
a unos y otros
para disparar
balas «sutiles»
de acuerdo con un fin
con mucha «diplomacia».

Política
son los hechos
las obras realizadas
de una mente
tanto «equilibrada»
como feroz.

Política
eres el «arte»
de ¡saber mentir!

Guerra

Enfrentamiento humano
sin sentido
que busca simplemente
la imposición
sobre un enemigo
muchas veces inventado.

Guerra
máquina de asesinatos
con el único fin
de lograr
un «triunfo» irracional
propio
de una ¡mente demente!

Guerra
pandemia
de todos los siglos.

Guerra
destrucción del hombre
por el hombre.

Guerra
has tenido un nacimiento
surgido con el odio
la venganza
y la dominación.

Guerra
larga vida tienes todavía
desconociéndose
si tendremos algún día
la tan manoseada paz
que ¡tu muerte determinaría!

Ciencia

Arte de la sabiduría
tiene técnicas varias
que conducen
al científico con hipótesis
a descubrir conocimientos.

Ciencia
eres la ayuda continúa
de las sociedades
de la naturaleza
también
del mundo artificial.

Ciencia
arte del científico
siempre sacrificándose
por la humanidad
por un mañana mejor
gladiador incansable
luchando días y noches
en busca de lo imposible
que luego torna
en posible.

Ciencia
el científico no siempre
busca la fama
son los hechos
que hablarán por él
luego el mundo
miles de veces
sus logros y aportes
reconoce
¡otras veces no!
El paso del tiempo
lo premiará
con un silencio absoluto
pero su obra allí está
¡nunca perecerá!

Arte

Creación humana
con la capacidad
emanada
de la sensibilidad.

Arte
expresión de subjetivismo
exteriorizado
con la pasión
única y propia
de este sujeto
¡el artista!

Arte
técnica propia del artista
del ser humano
mortal
reflejo
de las épocas pasadas
y de la actual.

Arte
todo creado por una mente
y un alma creativa
que transforma
sus manos en ideas
emociones
y visiones
de nuestro mundo.

Deporte

Actividad física planificada
el hombre siempre la practicó
desde los orígenes
desde el momento
de nacer
de nuestra existencia
en la vida.

Deporte
has nacido conjuntamente
con el hombre
aunque este todavía
no tuviera conciencia
cierta de su destreza.

Deporte
evolución constante
durante todos los siglos
milenios
hasta el presente
acompañando tanto
a hombres como a mujeres
en su vida diaria
a tener salud
y mente sana
en cuerpo y alma.

Deporte
integración social
de todas las clases
de todas las sociedades
de nuestro bendito planeta
sin diferencias de piel
pero… ¡cuidado!
no a la delincuencia
no a la corrupción
menos aún
a la ¡intolerancia cultural!

Enfermedad

Mal que padece
todo ser vivo
sufriéndola
tanto en su cuerpo
como en su energía.

Enfermedad
alteración interna
o externa
que daña
perturba
en lo material
en lo espiritual.

Enfermedad
estás presente
en toda la humanidad
y reino animal
siglo tras siglo
el hombre
no ha conseguido
todavía exterminarla

Enfermedad
compañera del hombre
de sus ambiciones
de sus virtudes
y de la maldita herencia
que los genes
continúan transfiriendo.

Enfermedad
aún no has sido vencida
por un ser humano
más material
que ¡comprometido con el vivir!

Enfermedad
a veces creada
en otros casos no
pero cuando surge
por intereses espurios
y mezquinos
convirtiéndola
en una «meta» económica
que nada tiene que ver
con la supervivencia.

Pandemia

Enfermedad mundial
que el ser humano
no conoce
de dónde viene
ni adónde va
en su batalla
por eliminarla.

Pandemia
la ambición del hombre
por la creación
de un escudo curador
lo convierte
en un «creador» nefasto
que no solo logra
primero su propagación
sino más tarde su extinción
por creerse continuamente
¡autosuficiente!

Pandemia
has existido en todos los tiempos
tu vida es
y será tan larga
como existencia tenga el hombre.

Pandemia
sos igual que la peste
no perdonas a nadie
arrasas
como lava de volcán
a todos sin distinción.

Terremoto

Eres destrucción
repentina
rápida.
El hombre
también suele tener
actividad de «desastre»
en nuestro planeta
«transformando» continuamente
la naturaleza.

Terremoto
eres pánico
produces en nuestra Tierra
periódicamente
desconcierto
y confusión.

Terremoto
te pareces mucho al humano
por ser como un volcán
que emana con energía
ideas y pensamientos
que chocan al unísono
con la vida misma
de toda sociedad.

Tsunami

Estás hermanado
con los vientos
el oleaje,
la erupción volcánica
los fuertes movimientos
emergentes del fondo del mar.

Tsunami
eres tan violento
como la raza humana
produces desastres
y daños
de masiva importancia
¡inimaginables!

Tsunami
el hombre construye
destruye...
tú solo «piensas»
en destruir...
barcos, hombres, ciudades
como si fueses
¡la guerra misma!

Tsunami
hijo del terremoto
abrupto, verticalista
contra todo equilibrio normal
constante y vigoroso
catastrófico
imposible
de ¡derrotar!

Tsunami
te asemejas
a los pueblos oprimidos
por personajes autoritarios
antinaturaleza
humana y social.

Pasado

Eres historia
no estás vivo
sos una región extraña
tuviste una vida lejana
no tienes ¡existencia!

Pasado
te podemos imaginar
recrear
huir de ti
también aprender
de todo aquello
que aún no murió
a pesar de que estés
bien muerto.

Pasado
nos puedes
todavía
además de aquello
que haya ocurrido
unir
arrepentirnos
de tus muchos hechos
¡aterradores!
cuando regresas
a nuestras vidas.

Presente

Sos el hoy
de los sucesos
de la acción humana
de todos los hechos
que ocurren día a día
mes a mes
año tras año
en nuestras vidas
clases sociales
y sociedades.

Presente
eres la vida ahora
del hombre, en este momento.
Sos el deseo continuo
de poder encontrar la felicidad
siempre al instante.

Presente
sos lo único que tenemos
que existe hoy
que todos observamos
que todos podemos
sentir que ¡estamos viviendo!

Presente
por siempre serás el hoy.
Presente
siempre sos el hoy
que se acaba
como la tempestad
y luego la calma
que nos hace ver
que ¡existimos!

Futuro

El tiempo por venir.
Puedes ser un gran mañana
como un mal porvenir
o ser un mañana
que el ser humano
no puede predecir
pero que sí
¡siempre podrá presumir!

Futuro
estás más allá
del pasado y del presente...
eres siempre un misterio
que la humanidad
¡trata de revelar!
de acuerdo a sus
conocimientos.

Futuro
cuando ya llegas
nunca te vislumbramos
arribas de pronto
y eres por los siglos
una sorpresa
a los ojos de la humanidad.

Futuro
marchas siempre adelante
actúas como un cometa
¡desafiante!
dejando asombrado
a los hombres
y a toda la vida social.

Nuestro mundo

Cinco continentes
una sola raza
cinco océanos
variedad de especies...
cinco idiomas predominantes
expresiones del habla
reflejo de ambiciones
frustraciones, progresos
y retrocesos de todas
las civilizaciones
de la historia presente
pasada
y por qué no
¡de aquella por venir!

Nuestro mundo
gobernado, manipulado
por hombres y mujeres
con un único fin...
¡el poder!

La libertad, la alegría
la paz, el bienestar
¡aún están por llegar!
a este nuestro mundo
totalmente irracional.

Cómo quisiera...
volver a ser niño
para creer
en los ¡reyes magos!

Epílogo

Los terrícolas vivimos y viviremos en un planeta hermoso.

El hombre no es perfecto (aunque se lo crea), porque continúa su evolución con pros y contras que son ¡el resultado de su imperfección!

OTROS POEMARIOS DE LA EDITORIAL

Todas las manos (Mario Rucci)

Nuestras manos son instrumentos de creación y destrucción. Gracias a ellas se han forjado realidades, se ha hecho la guerra y se ha obtenido la paz. Las manos son también manto y resguardo, protección y socorro en los momentos más difíciles.

Esta parte de nuestro cuerpo puede ser arma benefactora y motor de nuestras vidas, todo esto es lo que busca reflejar Mario Rucci en su poemario Todas las manos: poesía llena de un humanismo global que busca, ciertamente, interpelar al lector.

Realidades (Carolina Salazar)

Un poemario que refleja los valores y pensamientos de su autora. Con poemas que se transforman en denuncia social en contra de la injusticia, de la pobreza, de la falta de educación.

En las páginas de *Levantando consciencias* se encuentran los pilares para tener, en presente, una mejor sociedad, con cultura y libertad. Sus versos buscan despertar, engrandecer el amor al prójimo, trazar un camino único para avanzar hacia la mejora, el reconocimiento y la aceptación.

Volver a sonreír (José Araya)

Volver a sonreír contiene «poemas populares, románticos, con versos de palabras simples, pero con sentimientos muy profundos», como bien lo define su autor José Araya Contreras.

En él se hace un paseo por el goce amoroso, la añoranza y la fe. Como bien señala en el prólogo Jorge Labra Fuentealba: «A través de la poesía quiere gritar sueños y superar desengaños; sus creencias, que vibran al compás del corazón, son sin dudas reflexiones muy profundas que sacuden su esencia. Su libro no es otra cosa que el diario vivir desde su exaltación hacia el mundo exterior».

27 poemas de amor (Shirley Morales Estefan)

El amor es un tópico que traspasa civilizaciones, espacios geográficos o temporales. Este inspira desde artistas a científicos; mucho de lo que se crea lo tiene como base. En *27 poemas de amor* esta no es la excepción: los conceptos de romance y pasión en pareja se juntan con otros tipos de amor, como la admiración a personajes históricos, al vínculo amoroso con lo religioso o con una cultura específica.

Las imágenes de este poemario, que van de la nana sencilla a la profunda introspección, son un viaje por las pasiones de la autora, por su sensibilidad que se abre y toca los bordes hacia la reflexión sobre la esencia humana.

www.ingramcontent.com/pod-product-compliance
Lightning Source LLC
LaVergne TN
LVHW091239150826
845673LV00003B/1221

* 9 7 8 9 8 0 4 3 6 0 5 2 7 *